Aligéidar Tagiev

Meisterwerk

115 Gedichte

Instagram: tagievaligeidar

Bibliografische Information der Deutschen Nationalbibliothek:
Die Deutsche Nationalbibliothek verzeichnet diese Publikation
in der Deutschen Nationalbibliografie; detaillierte bibliografische
Daten sind im Internet über dnb.dnb.de abrufbar.

Die automatisierte Analyse des Werkes, um daraus Informationen
insbesondere über Muster, Trends und Korrelationen gemäß §44b
UrhG (»Text und Data Mining«) zu gewinnen, ist untersagt.

Autor:Aligéidar Tagiev

Verlag: BoD · Books on Demand GmbH, In de Tarpen 42,
22848 Norderstedt
Druck: Libri Plureos GmbH, Friedensallee 273, 22763 Hamburg

Illustration & Umschlaggestaltung: Aligéidar Tagiev

ISBN: 978-3-7597-1934-8

Für meine Mutter Irada mit meinem Dank für Ihre Liebe & für Jörn, der für mich der Beginn meines neuen Lebens war.

Meine Gedichte dienen zur Befreiung der Gefühle und zur Inspiration unseres Lebens.

Inhalt

Vorwort   11

Welke Liebe   31

Wir   32

Verliebt   33

Ich brauche dich   34

Regen   35

Liebe als Gebet   36

Öffne dein Herz   37

Verabschiedung   38

Märchen   39

Leiden   40

Kleiner Prinz   41

Nicht wie die anderen   42

Ich werde nicht weinen   44

Losgelassen   45

Niedertracht   46

Lehrt mich nicht   47

Begegnungen   48

Politiker als Diebe   49

Religion   50

Niemand   51

Falsche Leute   52

Karte der Liebe	53
Du bist das Beste	54
Zerrissene Seele	55
Stille	56
Götter	57
Diener des Volkes	58
Beleidigungen	60
Spiegel	61
Küsse meine Augen	62
Gebrochenes Herz	63
Ich schaffe es	65
Missionar	66
Einsam	67
Leben	68
Politiker	69
Kunst	70
Kirche im Krieg	71
Blatt	72
Gefühle in der Faust	73
Zerstörte Liebe	74
Vergebung	75
Loslassen	76
Alte Liebe	78
Spiel um die Liebe	79
Wahre Liebe	80
Mythos des Glücks	81

Einsamkeit 83

Licht der Seele 84

Rebellisches Herz 85

Pakt mit Gott 86

Wahrheit ist nah 87

Angst 88

Reise in die Vergangenheit 89

Die Zeit 90

Abschied ohne Tränen 92

Kraft der Liebe 93

Abschied 94

Welt der Schatten 95

Noch mal allein 97

Frühling 98

Der Teufel in dir 99

Gefrorene Gefühle 100

Trügerisches Glück 101

Ich vermisse dich 102

Unheilige Heilige 103

Ode an die Liebe 104

Die Mitte 105

Ich werde heute nicht eilen 106

Ein anderer 108

Unser Weg 109

Zweifel 110

Diener 111

Erinnerungen 112

Alles vergeht 113

Nähe 114

Ohne dich 115

Gebet 116

Mut 117

Meisterwerk 118

Falsche Liebe 119

Engel 120

Bis zur Verzweiflung 121

Einst 122

Vergessen 123

Mein Leben für dich 124

Verschiedenes Schicksal 125

Freunde 126

Jessenin 127

Neues Jahr 128

Der Neid 129

Ausdruck der Stille 131

Verrat 132

Du 133

Drama der Liebe 134

Reine Seele 135

Keine Versprechen mehr 137

Illusion 139

Verwirrung 140

Splitter	141
Sie	142
Lebewohl	143
Trug	144
Einsames Herz	145
Aus der Bahn	146
Einsame Liebe	147
Mein Herz für dich	148
Trennung	149
Meine Liebe, mein Schicksal	150
Ich lasse dich los	151
Ein anderer Pfad	152
Das Geschenk der Liebe	153
Gefühle im Kreis	154
Seele	155
Talent	156

Vorwort

Aufgewachsen bin ich als gewöhnlicher Junge in einem einfachen Dorf. In den Ferien verschwand ich von morgens bis abends mit den anderen Kindern am Fluss. Wir badeten, fingen Fische, sammelten Entengrütze, aßen Rohrkolben und rauchten hin und wieder Zigaretten, dann fühlten wir uns erwachsen. Das Einzige, wodurch ich mich von den anderen unterschied, war eine mir damals unverständliche Bewusstheit. Diese half mir, mich den Dingen und den Situationen gegenüber für den Moment einsichtsvoll zu verhalten. Gleichzeitig hinderte sie mich daran, voll loszulassen. Obwohl, so gut diese Bewusstheit war, beteiligte ich mich mit ihr auch am groben Unfug und anderen anstandswidrigen Dingen.

Meine Eltern sind gebürtig aus Aserbaidschan und bereits vor meiner Geburt in das kleine Dorf Kanewskaja im russischen Kaukasus gezogen. Mama war Schneiderin und Vater nahm Drogen, hatte Einkünfte aus dem Absatz von Rauschmitteln und arbeitete immer mal wieder für kurze Zeit in verschiedenen Fabriken. Jeder Morgen begann bei uns mit einem Krach, da er sich nicht kontrollieren konnte, ohne vorher einen Joint mit Marihuana geraucht zu haben. Doch auch wenn er sein Gras geraucht hatte, beruhigte er sich nur für kurze Zeit. Kurz nach meiner Geburt wurde er für fünf Jahre wegen Rauschgiftschmuggel eingesperrt. Später verstand ich, dass es für uns so besser war. Mama blieb mit mir und meiner drei Jahre älteren Schwester alleine. Sie konnte kein Russisch sprechen und kannte überhaupt niemanden. Das Einzige, was sie konnte, war nähen. Sie begann, Bettwäsche und Kleidung zu nähen, und verkaufte sie den Nachbarn, um uns zu ernähren. Später sollte Mama eine bekannte Näherin in Kanewskaja werden, zu der die Leute aus den umliegenden Dörfern kommen würden, um sich von Mama Kleidung nähen zu lassen.

Heute kann ich mir schwer vorstellen, wie eine Frau mit zwei kleinen Kindern, ich war damals noch ein Säugling und meine Schwester erst drei Jahre alt, alleine in dem Dorf bleiben konnte, ohne Russisch sprechen zu können und ohne jemanden zu kennen. Wir lebten in einem leeren Haus, es gab nicht einmal einen Zaun, jeder hätte eintreten und uns etwas antun können. Aber wie Mama sagte, dachte sie darüber nicht nach. Ihre

Gedanken waren allein damit beschäftigt: »Ich muss meine Kinder ernähren.« Und sie nähte von morgens bis spät in die Nacht hinein. Wie eine Bekannte erzählte, die Mama im Laufe der Zeit näher kennenlernte: Als sie um fünf Uhr morgens aufwachte, um die Kuh zu melken, sah sie im Fenster unseres kleinen Hauses Licht und wusste, dass Irada nähte. Die Zeit verging, Mama lernte allmählich die Nachbarn kennen, die ihr Russisch beibrachten und halfen, auf uns aufzupassen, wenn Mutter nähte oder auf den Markt ging.

Als ich fünf Jahre alt war, kam Vater aus dem Gefängnis frei. Natürlich hatte Mama die ganzen fünf Jahre auf ihn gewartet, sie war zu ihm gefahren, sie hatte so gehofft, dass er herauskommen und sich alles ändern würde, dass sich das ganze Leben verbessern würde. Solange er sich hinter Gittern befand, versprach er Mama, dass wir gut leben würden, wenn er rauskäme. Und auch, dass es einen Neuanfang gäbe, wenn sie nur auf ihn wartete. Die Nachbarn gaben sich hingegen alle Mühe, Mama klarzumachen, dass es sich nicht lohnte, auf ihn zu hoffen. Das Gefängnis verändert Menschen selten zum Guten. Doch Mama liebte ihn offensichtlich so sehr, dass sie die Ohren verschloss und auf niemanden hörte.

Ich werde mich den Einzelheiten seines Lebens nach dem Gefängnis nicht hingeben, da ich klein war und diese Dinge heute in trauriger Erinnerung habe. Aber nach der Freilassung war er nicht lange auf freiem Fuß. Bald geriet er wieder in die Rauschgiftschmuggelei und saß für weitere fünf Jahre im Gefängnis. An die Ereignisse nach seiner zweiten Freilassung kann ich mich gut erinnern. Darüber später mehr.

Sobald ich lesen konnte, legte ich die Bücher nicht mehr aus den Händen. Ich las Tag und Nacht, stellte mir alle Figuren aus diesen Büchern vor, fühlte mit ihnen. Wenn ich in die Bibliothek kam, sagte mir die Bibliothekarin, dass sie keine Bücher mehr hat, die mir gefallen würden und die ich noch nicht gelesen habe. Meine Begeisterung für Bücher half mir sehr beim Lernen, besonders in der Grundschule.

In der Schule war ich still und unauffällig. Die Lehrer lobten und die Mitschüler hänselten mich. Natürlich hatten die meisten eine vollständige Familie, sie waren gut angezogen, sie hatten alles, was ich nicht hatte. Sie hänselten mich für meine lockigen Haare, nannten mich Schaf, was mir überhaupt nicht gefiel. Sie fragten mich direkt, warum ich alte Stiefel und abgewetzte Hosen trug, worauf ich keine Antwort wusste und mich innerlich verschloss. Wir waren arm.

Auch die Herkunft meiner Eltern aus Aserbaidschan ließ vielen keine Ruhe, wofür ich Beleidigungen und Schelte erntete. Mit dem Wort Türke bezeichneten einige Lehrer im Unterricht alle Schüler mit fremden Nationalitäten, und ich gehörte dazu.

Ich lernte gut, alle Fächer fielen mir leicht, außer Mathematik. Da bekam ich eine Drei. Irgendwann hörte ich auf zu kämpfen und blieb bei der Drei, ohne mich zu bemühen, ohne dazuzulernen und Mathe beherrschen zu wollen. Gedichte lagen mir. Ich liebte es immer, sie zu lesen. Mit Vergnügen lernte ich sie auswendig und sagte sie auf. Von Natur aus war ich beweglich und der Sportlehrer ließ mich verschiedenste Übungen machen, hier auf dem Barren, da auf der Matte. So vergingen die Jahre.

Als ich zehn war, kam Vater aus dem Gefängnis nach Hause und es begannen die schlimmsten Jahre unseres Lebens. Ständig Krach, Prügel, jedes Fehlverhalten wurde hart bestraft. Wir waren mehrmals gezwungen, aus dem Haus zu fliehen und bei den Nachbarn Zuflucht zu suchen. Vater arbeitete kaum und lebte auf Mamas Kosten. Im

Garten zog er Marihuana, trocknete es auf dem Dachboden und rauchte es. Etwas davon verkaufte er. Einen kleinen Teil des Geldes gab er uns, aber das meiste verbrauchte er selbst, meistens für Alkohol. Natürlich sahen die Nachbarn dies und wussten, dass neben uns ein Ermittlungsbeamter wohnte, mit dessen Tochter ich befreundet war, aber sie zeigten es nicht bei der Polizei an, weil Mama ihnen leidtat. Ihre Kinder fragten mich oft: »Ist dein Vater abhängig? Baut er Marihuana im Garten an?« Jedes Mal ließen mich diese Fragen erstarren. Nicht alle Eltern betrachteten es gelassen. Viele verboten ihren Kindern den Umgang mit mir. Sie fürchteten, dass ich ihnen Schlechtes beibringen und ihnen zeigen würde, wie man Drogen nimmt, obwohl ich nicht wusste, wie das geht. Meiner Mama sagten sie es dann auch: »Dein Sohn soll nicht mit unseren Kindern befreundet sein, der Umgang mit ihm ist gefährlich, er verkauft Marihuana und er tritt in die Fußstapfen seines Vaters. Seine Zukunft sind Drogen.« Wenn ich all dies hörte, zerriss es mir das Herz vor Schmerz, ich wollte weglaufen, mich verstecken, die Augen schließen und in einer anderen Welt wieder aufwachen, wo es all dies nicht gab. Es heißt, man sucht sich die Eltern nicht aus. Warum muss dann ein Kind, das niemandem etwas zuleide getan hat, all diese Erniedrigungen und Beleidigungen erleben? Wer verantwortet das? Gott? Wer ist er? Was ist er? Wo ist er?

Für Mama litt ich sehr, denn sie musste das alles hören. Ich verstand nicht: »Warum? Wofür? Woran bin ich schuld?« Mama brachte mir bei, diese Äußerungen nicht zu beachten. Das alles machte mich stärker und weiser. Ich wurde zu früh erwachsen. Offenbar hatte ich hierdurch diese Bewusstheit entwickelt, die ich schon anfangs erwähnt habe. Dessen ungeachtet lebte Mama weiter mit Vater zusammen und liebte ihn. Was ist das für eine Liebe, die dich zum Sklaven macht? Ja, natürlich, es gab schöne Momente. Aber es waren so wenige, dass ich mich kaum erinnern kann. Noch viele, viele Male rettete Mama ihn vor dem Gefängnis. Als Vater unter Drogeneinfluss eine Frau bei einem Verkehrsunfall tödlich verletzte, verkaufte sie alles, was zu verkaufen war, einschließlich ihrer Kleidung, und verschuldete sich, um ihn freizukaufen. Dieser eine Mensch brachte so viele Probleme, so viel Schmerz, so viel Schlechtes, wie man es seinen Lieben nicht antun soll. Er zog uns nur runter. Mir schien es nie ein Ende zu nehmen. Der Jahreswechsel 1997, ich war gerade elf Jahre alt, war der schlimmste in meinem Leben. Vater entfachte mal wieder einen Krach und Mama bekam starke Herzschmerzen. Bis Mitternacht war es noch eine halbe Stunde. Sie fiel auf das Sofa, hatte starke Herzschmerzen und konnte fast nicht atmen. Ich saß neben ihr, weinte und hielt ihre Hände. Ich bat Gott, sie mir nicht wegzunehmen. Sie versuchte, mich nicht anzuschauen, damit ich nicht die Angst in ihren Augen sehen konnte, aber die kalten Hände verrieten sie. Vater versuchte nicht einmal, irgendetwas zu tun, er sagte ihr nur: »Steh auf, dein Getue reicht!« So saß ich mit Mama über eine Stunde da. Der Schmerz verging, es war noch einmal gut gegangen. Vater feierte Neujahr ohne uns. Ich blieb mit Mama auf dem Sofa.

Je älter ich wurde, desto stärker widersetzte ich mich meinem Vater. Auch das machte uns zu Feinden. Ich grüßte ihn nicht, ich sprach nicht mit ihm, ich antwortete nicht auf seine Fragen, ich ignorierte ihn vollkommen. Seine Anwesenheit widerte mich an. Jeden Tag träumte ich davon, dass er aus unserem Leben verschwindet. War das für ihn kein Signal nachzudenken, sich zu ändern? Jedes Mal, wenn er einen Wutausbruch hatte, schützte ich Mama, wofür er mich schlug, entweder mit dem Stock oder mit den Fäusten. Oder er zerschlug einen Teller auf meinem Kopf. Mama schützte mich vor ihm und hatte davon Messerspuren an den Armen. Auf meinem Rücken sind bis heute die Spuren der Prügel zu sehen. Für jeden Krach dachte er sich etwas Neues aus. Mal schleifte er mich an den Haaren durch das Zimmer, mal zerschlug er einen Teller auf meinem Kopf, er würgte mich oder jagte mich auf die Straße. Er behauptete die ganze Zeit, ich hätte Meningitis und sei geistig zurückgeblieben, debil. Oft blieben wir hungrig, weil wir uns nicht in die Küche wagten, weil er dort trank, allein oder mit Freunden. Ich war mittlerweile zwölf Jahre alt und allein zu Hause. Vater bekam Besuch von seinem Bekannten Albert und sie tranken Alkohol und rauchten Marihuana in der Küche. Der Geruch war mir von klein auf vertraut. Sogar die Wände im Haus waren davon verraucht. Ich ging auf den Flur. Vater trat an mich heran, schlug mich mit der flachen Hand ins Gesicht, würgte mich und drückte mich an die Wand. Ich konnte nicht atmen und wedelte nur mit den Armen. Was konnte ein Kind tun? Er sah die Angst und den Schrecken in meinen Augen, was ihm Spaß bereitete, sodass er noch mehr wütete. Von dem Lärm angezogen kam Albert aus der Küche auch in den Flur. Vater hielt mich am Hals und fragte: »Was soll ich mit ihm machen?« Alles in mir zerriss vor Kränkung und die Tränen flossen in Strömen. Albert sagte: »Lass ihn, der stirbt doch sonst.« Und Vater ließ von mir ab. Ich kehrte ins Zimmer zurück. Wie gelähmt fiel ich auf den Boden und mir schien, ich weinte eine Ewigkeit, meine Seele schrie. Nach all dem stand ich am nächsten Morgen auf und ging in die Schule. Ich war gezwungen zu lächeln, während ich weinen und schreien wollte. Bis heute erinnere ich mich mit Tränen in den Augen an all das, an den ganzen Schrecken, als wäre meine Seele in dieser Vergangenheit geblieben.

Danach gab es noch Tausende Wutausbrüche, schlaflose Nächte, die damit endeten, dass die Polizei gerufen wurde. Das alles setzte sich bis zu meinem sechzehnten Lebensjahr fort, als ich Mama nach einem weiteren Krach vor die Entscheidung stellte: »Entweder du lässt dich scheiden oder ich gehe.« Ich packte meine Sachen in der Hoffnung, dass Mama sich für mich und gegen meinen Vater entschied. Ich weiß, das fiel ihr schwer, mit ihrer konservativen Erziehung, der Weltsicht und den religiösen Überzeugungen. In genau diesem Moment wurde ich gleichgültig gegenüber der Religion. Ich verstand nicht, warum eine Frau, die niemandem etwas zuleide getan hatte, die im Laufe so vieler Jahre ihrem Mann treu geblieben war, die täglich betete und gläubig war, eine solche Beziehung verdiente. Und wohin schaut Gott?

Heute, wenn ich meine Verse und Gedichte schreibe, die auch Gott gewidmet sind, ich mich also über Religion äußere, werde ich von einigen Personen der Blasphemie beschuldigt. Ich schreibe so, weil ich in der Religion, nach dem, was ich erlebt habe, für mich keinen Nutzen sehe.

Als ich sechzehn Jahre alt war, ließ Mama sich scheiden und überredete Vater, das Haus zu verlassen. Er verstand, dass ich ihn nicht länger dulden würde und einer den anderen am Ende umbringen würde. Nach seinem Weggang lebten wir wie im Paradies. Keine Wutausbrüche, keine Prügel, allmählich ließen die Albträume in der Nacht nach. Ich fing an, frei zu atmen. Zehn Jahre brauchte ich, um nicht mehr zusammenzuzucken, wenn eine Tür schlug, ein Teller zerbrach oder bloß ein Topf laut hingestellt wurde. Zehn Jahre …

Zu dieser Zeit begann ich, mir über meine berufliche Zukunft Gedanken zu machen. Ich beschloss, Arzt zu werden. Das war schon lange, als ich noch zur Schule gegangen bin, mein Traum. Niemand unterstützte mich darin, einfach nur, weil sie nicht glaubten, dass eine Person aus so einer armen Familie das erreichen konnte. Mama sah meine Bemühungen, meine Beharrlichkeit, aber auch sie hatte Zweifel. Das Einzige, was ich wollte, war, mich aus dieser Armut zu befreien, mich gesellschaftlich hochzustrampeln. Parallel hat Mama mir angeboten, an der örtlichen Berufs- schule Koch zu lernen, womit ich nicht einver- standen war. Als dann alle nahen und entfernten Bekannten mir und meiner Mama sagten, dass ich die Aufnahmeprüfung für einen kostenlosen Studienplatz nie bestehen würde und dass wir für die Immatrikulation bezahlen müssten, sagte ich: »Wer sagt, dass ich nicht bestehe? Und wer sagt, dass ich Bestechungsgeld an scheinheilige Perso- nen zahlen muss, um mich zu immatrikulieren? Wenn ich den Willen habe und von meinen Fä- higkeiten überzeugt bin, warum soll ich die Auf- nahmeprüfung zum Studium nicht bestehen können?« Ja, beim ersten Mal hat es nicht ge- klappt. Aber wo ein Wille ist, ist auch Erfolg. Im August 2004 bestand ich die Aufnahmeprüfun- gen mit Gut und begann das Studium an der Medizinischen Akademie in Krasnodar. Als Mama und ich meinen Familiennamen auf der Liste der aufgenommenen Studenten sahen, glitten ihr die Beine weg. Es war der glücklichste Tag unseres Lebens. Wir lachten und umarmten einander, wir freuten uns wie zwei kleine Kinder. Mama weinte vor Glück. Sie ging ein paarmal wieder zu dem Aushang und schaute auf die Listen mit den Namen, ob da wirklich unser Familienname stand. Ja, mein Name stand auf dieser Liste, ich hatte die Aufnahmeprüfungen zum Studium nicht nur bestanden, sondern auch, ohne dafür Geld zu bezahlen. Diese Neuigkeit verbreitete sich wie ein Lauffeuer in unserem Dorf. Viele freuten sich für uns, aber es gab auch solche, die das Fest wie immer verderben wollten. Sie sagen: »Soll der doch studieren, der schafft doch höchstens das erste Semester.« Im September fuhr ich nach Krasnodar an die Uni. Die Stadt gefiel mir auf Anhieb, dieser Rhythmus im Großstadtleben. Anfangs war es in der Tat schwierig, die Luft voller Abgase zu atmen. Auf dem Dorf war die Luft eine ganz andere. Ich hatte nur 3.000 Rubel zur Verfügung. Das war das gesamte Geld, das Mama hatte. Es waren damals etwa 50 Euro. Für 2.000 Rubel nahm ich für einen Monat ein Zimmer bei einer alten Frau, weil es im Wohnheim keinen Platz gab. Ich hatte noch 1.000 Rubel, also etwa 25 Euro übrig. Es ist gar nicht in Worte zu fassen, wie schwer das alles war. Ich sparte, wo ich konnte, und konnte mich nicht satt essen. Ich erinnere mich, dass ich einmal in die Straßenbahn einstieg und es bei jemandem aus der Tasche nach Grillhähnchen roch. Da begann mein Magen, sich vor Hunger zu winden, und ich konnte den Speichelfluss nicht kontrollieren.

Das Studium war, wie überall, sehr umfangreich. Die Veranstaltungen begannen um 8 Uhr morgens und dauerten bis 6 Uhr abends, manchmal endeten sie um 9 Uhr abends. Ich kam nach Hause und musste noch viel für den nächsten Tag lernen. Daher bin ich nicht vor 2 Uhr schlafen gegangen. Und wenn ich für Prüfungen lernen musste, nicht vor 5 Uhr morgens. Natürlich brauchten diejenigen, die für die Prüfungen zahlten, sich nicht anzustrengen. Aber ich beklagte mich nicht, ich lernte gerne. Und ich lernte auch gut. Einige Scheine legte ich vor der Frist ab und konnte somit früher in die Weihnachtsferien gehen. Natürlich gab es auch Momente der Enttäuschung, wo ich alles hinwerfen wollte. Ich bin auch hier und da mal durchgefallen. Es war sogar mal nötig, zum Dozenten zu gehen und darauf zu bestehen, dass er mir noch eine Chance gab und ich am Ende eine anständige Bewertung erhielt. Wie überall auf der Welt wurde bem Lernen Druck mit einem erheblichen Stoffpensum im Lernprozess ausgeübt. Und dann setzten die Dozenten noch einen drauf. Da, wie anfänglich erwähnt, meine Eltern aus Aserbaidschan kamen, galt ich gesellschaftlich, obwohl in Russland geboren, nicht als Russe und war somit in einer Studiengruppe der Uni, in der ausschließlich andere Nationalitäten, also keine Russen, waren. Wir waren eine bunte Mischung aus verschiedenen Nationen. Und die Dozenten sagten zu uns: »Ihr seid keine Russen. Ihr seid zu uns gekommen, um zu lernen, und ihr wollt, dass wir euch die Bewertungspunkte schenken?« Insgesamt war das kein Zuckerschlecken. Dennoch ging meine Gruppe freundschaftlich miteinander um, wir halfen einander, waren fröhlich und hatten viel Spaß. Um etwas Geld zu verdienen, arbeitete ich neben dem Studium wie viele Studenten als Kellner. Oder ich verkaufte Döner auf dem Automarkt. Als die ersten drei Studienjahre vorbei waren, begann ich, als Krankenpfleger in der Notaufnahme der Traumatologie am Staatlichen Krankenhaus zu arbeiten, wo ich große Erfahrungen sammeln konnte. Ich arbeitete dort 2,5 Jahre, dann wechselte ich zum Rettungsdienst und schloss gleichzeitig mein Medizinstudium ab. Ganz ehrlich, als mir mein Diplom zum Kinderarzt ausgehändigt wurde, stand ich einfach da und hielt es fest in den Händen und spürte keine Freude. Ich ging nach Hause, warf es in den Schrank, und das war's. Nach der Universität absolvierte ich zusätzlich noch die Facharztausbildung in Dermatologie und arbeitete gleichzeitig beim Rettungsdienst, bis ich dann anfing, als Dermatologe im Krankenhaus zu arbeiten.

Während der sechs Jahre meines Studiums hatte ich viele gute Menschen kennengelernt, die mir auf vielerlei Weise halfen. Bis heute pflegen wir freundschaftliche Beziehungen. Natürlich änderte sich die Haltung der Leute aus dem Dorf, die nicht an mich geglaubt hatten, die gedacht hatten, dass ich auch wie mein Vater Drogen nehmen und dass mir nichts gelingen würde. Sie bemühten sich, die Beziehung zu mir wieder ins Lot zu bringen. Aber ich wollte das nicht. Wozu brauche ich Leute, die mit mir zusammen sein wollen, wenn bei mir jetzt alles gut ist? Nein, ich hätte sie gebraucht, als es mir schlecht ging, als es in meiner Kindheit und Jugendzeit schwer für mich war, aber heute brauche ich sie nicht mehr.

Ein Jahr bevor ich mit dem Studium begonnen habe, kam an einem Morgen ein Freund meines Vaters zu Mama und teilte ihr mit, dass Vater gestorben war. Ich lag im Zimmer auf dem Bett und hörte es. Das war die angenehmste und froheste Neuigkeit für mich in den ganzen letzten Jahren und ich verbarg meine Freude nicht. Ich sagte mir: »Alles, alles ist vorbei.« An diesem Tag sammelte ich alle seine Sachen, die bei uns geblieben waren, und brachte sie zum Müll. Mutter betrauerte seinen Tod sehr und fragte mich, ob es mir gar nicht leidtue. Ich antwortete: »Nein.« Wofür hätte ich ihn lieben sollen? Dafür, dass ich es ihm zu verdanken habe, dass ich auf der Welt bin? Warum hat er seinen Ärger und seine Aggression an mir ausgelassen? Warum soll man ein Kind zeugen, wenn man die Verantwortung dafür nicht übernehmen kann? Zur Selbstbestätigung? Ich hatte außer Hass nie etwas anderes für ihn empfunden.

Ja, es gibt viele wie mich und es gibt weit schwerere Schicksale. Aber ich schreibe meine Geschichte auf. Und es kann sein, dass meine Geschichte, mein Beispiel jemandem hilft, stärker zu werden. Ich weiß, wie es ist, erniedrigt zu werden.

Ich weiß, wie es ist, geächtet zu sein. Ich weiß, wie das ist. Als ich jedoch alle Erniedrigungen und Beleidigungen vom eigenen Vater, von Nachbarn, von vermeintlichen Freunden, von völlig fremden Menschen hörte, sah, annahm und verarbeitete, als ich in Armut lebte und die bedauernswerte Existenz meines Vaters sah, erwuchs in mir der unbändige Wunsch, mich aus dieser Armut zu befreien, erfolgreich zu werden, gesellschaftlich aufzusteigen, das Leben nicht einfach nur zu leben, sondern etwas Größeres zu hinterlassen als nur die Erinnerung. Alle zum Schweigen zu bringen, die dachten, dass ich in die Fußstapfen meines Vaters treten würde, die mein Streben nach Verbesserung sahen, aber behaupteten, es könne nicht gelingen. Aber es ist mir gelungen.

In diesen Jahren habe ich mich stark verändert, hat sich meine Weltanschauung verändert. Mama hat mir von Kindesbeinen an beigebracht zu beten. Ich ging sogar in die Kirche. Ich war abhängig von der Meinung meiner Umgebung. Nach all diesen Prüfungen lebt Gott jetzt in mir, ich habe einen Glauben in mir. Ich gehe nicht in die Kirche, ich verneige mich nicht vor Ikonen und ich glaube keinen Priestern. Ich bin gegen religiöse Versklavung.

Der Glaube, der den einzelnen Menschen erfüllt, ist mitleidsvoll und majestätisch. Ohne eigene Meinung, ohne die Fähigkeit, selbst zu denken, werden die Menschen zu Geiseln fremder Meinungen und Handlungen. Sie müssen sich für fremde Taten verantworten, sie unterteilen die Gesellschaft in Klassen nach der Hautfarbe, nach der Religion, der sexuellen Orientierung und nach dem materiellen Wohlstand. Niemand wird mit Hass im Herzen geboren, die Menschen lernen erst zu hassen. Der Feind ist in uns selbst. Wir sind anderen gegenüber voreingenommen und beurteilen sie. Die erste Sache, die wir ändern müssen, sind wir selbst. Der Hass zerstört den, der hasst. Befreit euch, nichts vertreibt das Dunkel so gut wie das Licht. Ändert euch und die Welt um euch herum wandelt sich zum Besseren. Ich glaube, jeder Mensch sollte in erster Linie Bildung erfahren, um sich eine eigene Meinung und eine eigene Vorstellung von den Dingen zu bilden. Bildung ist der Weg zur Freiheit. Mir hilft es, mich daran zu erinnern, dass in den heiligen Büchern stcht: »Liebe deinen Nächsten wie dich selbst.« Dies verkündete Jesus, dies verkündete Mohammed, dies verkündete Moses.

Seit 2012 arbeite ich als Humanmediziner in einem Beruf, den ich liebe. Im Frühjahr 2018 bin ich nach Deutschland umgezogen, habe ein Jahr Bundesfreiwilligendienst in einem Altersheim absolviert, anschließend drei Jahre in der Altenpflege gearbeitet und nachdem ich alle erforderlichen Sprach- und fachlichen Prüfungen bestanden hatte, praktiziere ich in Berlin als Arzt.

Ich lebe friedlich, habe alles, wovon ich vor vielen Jahren nur träumen konnte.

Parallel schreibe ich Gedichte und habe daran große Freude. Dabei ist es für mich wichtig, die Wahrheit darzustellen, ungeschönt, so wie sie wirklich ist. Mithilfe der Gedichte befreie ich meine Gefühle der Enttäuschung, der Trauer, der Ungerechtigkeit, aber auch der Freude und aller anderen Gefühle, die die Welt für uns bereithält.

Seien Sie eingeladen, die Welt der Gefühle über meine Poesie zu entdecken.

Welke Liebe

Die Liebe verblüht, eine Blume im Winter,
Alles entschwebt, alles hindert,
Ich kann zu mir selbst nicht finden.
Hirngespinste, als fiele ein Schatten herab.
Gott, sieh meine Seele, sie kniet nieder!
Und wie ein gieriges Raubtier
Lauert die Liebe hinter mir.

Wir

Können wir nicht einfach die Liebe loslassen?
Die Geschenke und Träume zurückgeben,
Nicht herausfinden, wer Schuld hat,
Gestehen, dass so selten
Das Wort »Wir« erklang.

Verliebt

Ich verliere mich in Leidenschaft,
wenn du bei mir bist,
Ich vergesse die Welt,
Was mit mir ist, weiß ich nicht,
Bin ich in dich verliebt?

Ich verliere mich in Leidenschaft,
wenn du bei mir bist,
Kann die richtigen Worte nicht finden
Wie ein kleines Kind,
Als ob ich schon immer so gewesen wäre.

Ich verliere mich in Leidenschaft,
wenn du bei mir bist,
Ich vergesse jede Angst,
Du lachst heller als die Sonne,
Sicher werde ich mich in dich verlieben!

Ich verliere mich in Leidenschaft,
wenn du bei mir bist.

Ich brauche dich

Du hast so viel in deinem Herzen,
Doch wenig sichtbar für den Augenschein,
Die Zeit verstreicht, im Gange stetig,
Doch du, du fehlst mir so unendlich ...

Regen

Ich liebe es, wenn der Regen fällt,
Er bringt Reinheit mit sich,
Füllt meine Einsamkeit aus,
Stört meine Stille.

Als ob von Gott gesendet,
Meine Sorgen übertönend,
Nimmt er mein Herz mit,
Als würde er Verbrennungen heilen.

Ich liebe es, wenn der Regen fällt,
Die Seele kühlt ab, ich vergesse mich,
Ich fühle mich gut mit ihm,
Als würde ich neu geboren werden.

Liebe als Gebet

Betet, ihr Menschen, die Liebe an,
Küsst eure Liebsten auf die Wangen,
Nicht die gierigen Priester
Und nicht die gemalten Gesichter.

Öffne dein Herz

Ich brauche dich,
Unsere Herzen schlagen im gleichen Takt,
Neben dir
Heilen die Wunden meines Herzens.

Du wirst meine Liebe,
Ich werde alles für dich sein,
sogar der Sonnenaufgang,
Öffne dein Herz,
Ich möchte leise eintreten,
Ich brauche dich,
ohne dich werde ich sterben.

Verabschiedung

Es verging ein wenig Zeit,
Seit du von uns gegangen bist,
Von jenem Tag fiel Krankheit ein,
Mein Schmerz, er kann nicht fliehen.

Die Tage gehen, die Nächte auch,
Doch in meinen Träumen such ich dich,
Ich fürchte mich, bin so erschrocken,
Der Furcht fester Griff verlässt mich nicht.

Ich lächle zwar, doch weine tief,
Und der Wind am Fenster brüllt,
Vor Schmerz verschließen sich die Augen,
Doch mein Verstand spricht
zum schweren Herzen.

Die Kinder großzuziehen, bleibt mir,
Ich muss leben, Vorbild, stark zu sein,
Ich liebe dich, werde dich nicht vergessen,
Und mag der Himmel selbst in Leiden sein.

Märchen

Möchtest du, ich lese dir ein Märchen vor,
Bei Kerzenschein, so sanft, so leise,
Mit Worten will ich dich berühren,
Durchbrech die Stille der Nacht
auf unsere Weise.

Leiden

Geschichten, eine, zwei, hundert an der Zahl,
Klammerst dich ans Leben in Qual,
Doch unter deinen Füßen ist es glatt,
Angst zu atmen, noch den nächsten Atemzug.

Dunkel, hell, mal kalt, mal warm,
Ärzte wechseln sich ab,
Den Ausweg fand ich noch nicht,
Doch Verzweiflung wich, ist nicht mehr in mir.

Ich muss jemanden
wie mich an die Hand nehmen,
Die Wärme spüren,
Unsere Ängste teilen,
Um sie zu besiegen, nicht zu verbergen.

Kleiner Prinz

Mein kleiner Prinz,
Ich wusste, du kommst wieder,
Ich schreibe dir ein Gedicht,
Ich weiß, du hast gewartet.

Die Engel sind gefallen,
Als du gegangen bist,
Ich ersann andere,
Aber Ruhe fand ich mit ihnen nicht.

Mein kleiner Prinz,
Ich erträume dein Bild,
Wähle die Farben,
Du bist ein Teil von mir geworden.

Nicht wie die anderen

Du bist nicht wie die anderen,
Als Fremder geboren,
Du bist nicht wie die anderen,
Wofür auserkoren?

Was kannst du dem Schicksal
denn noch erwidern?
Von Extrem zu Extrem
zieht es dich immer wieder,
Dir ist nach Schreien: Genug!
So bin ich, für immer!

Schwierige Kindheit,
Von den Nächsten vertrieben,
Als Fremder geboren,
Ein Kind ohne Liebe.

Dein Herz ist gebrochen,
Doch du glaubst an deine Träume,
Deine Wünsche, deine Freunde.

Du hast deine Stärke, deinen ruhigen Stolz,
Doch du bist bescheiden und scheu,
Allein auf der Welt,
Als Fremder geboren,
Im Glauben dir selber stets treu.

Ich werde
nicht weinen

Ich werde nicht weinen,
Den Traum in der Faust zusammengeballt,
In den Herbsthimmel meinen
Schmerz hinausschreien, bis es befreit.

Verzweifelt, alleine,
Bleibt mir nur dieser Schrei,
Ich werde nicht weinen,
Mit unserer Liebe ist es vorbei.

Losgelassen

Du hast mich losgelassen,
Sag,
Warum lebten wir so lange in Lügen?
Warum betrogen wir einander?
Warum enttäuschten wir uns?

Du sagtest, dass es kein Glück gibt,
Du hast auf mein Herz geschlagen und Spuren
hinterlassen,
Du hast nicht geliebt,
All meine Gefühle hast du längst begraben.

Du hast mich losgelassen,
Sag,
Warum lebten wir so lange in Lügen?
Warum betrogen wir einander?
Warum gaben wir einander Versprechen,
Dass wir für immer zusammen sein werden?

Doch die Liebe konnte nicht bestehen,
Alles begann viel zu schnell.

Niedertracht

Nun habe ich dich erwischt,
Neid und Galle flossen aus dir,
Noch gestern lächeltest du mir zu,
Und heute willst du mich verbrennen.

Lehrt mich nicht

Lehrt mich nicht, wie ich leben soll,
Lernt es zunächst selbst,
Niemals jemanden zu richten,
Werft keine Steine in mein Nest.

Lehrt mich nicht, wie ich lieben soll,
Lernt es zuvor selbst,
Drängt niemals jemanden,
Der in der Erwartung vergeht.

Lehrt mich nicht,
Lernt es zunächst selbst.

Begegnungen

Erinnerst du dich,
wie unsere Begegnungen dufteten?
Wie die Sonne unterging?
Wie glücklich wir waren,
Als wir über die Wiese
dem Fluss entgegenliefen?

Erinnerst du dich,
wie unsere Begegnungen dufteten?
Nach deinen Haaren, deinem Lippenstift,
Nach den Umarmungen der Verliebten,
Ich ertrank so sehr in deinen Augen.

Erinnerst du dich,
wie unsere Begegnungen dufteten?
Ein wenig nach Schokolade und leidenschaftli-
chem Sommer,
Nach deiner Berührung,
Wir waren mehr als Romeo und Julia.

Erinnerst du dich,
wie unsere Begegnungen dufteten?

Politiker als Diebe

Chaos und Krieg, gegenseitiges Grauen,
Qual und Versklavung,
kein Fünkchen Vertrauen,
Herrschaft und Macht schaffen
unendliches Leiden,
Wir werden zu Fremden, wir werden zu Feinden.

Was Politiker tun, was Stars dazu meinen –
Das macht verrückt, bringt einen zum Weinen,
Das Menschenleben wird nicht geehrt,
Jeder für sich,
Es ist kaum etwas wert,
Und Menschen mit einem Gewissen,
Werden bestenfalls aus dem Land geschmissen.

Immer mehr Angst und mehr Wut,
Immer weniger Freiheit und Mut,
Politiker sind die schlimmsten Diebe,
Sie rauben das Leben, unsere Liebe.

Religion

Religion – eine Waffe der Massenzerstörung in
erfahrenen Händen,
Kann Liebe säen, doch ebenso Angst,
Glaube, Liebe, Wahnsinn, Krieg,
Mit diesen Eigenschaften ist sie versehen.

Sie vereint und sät Güte,
Oder trennt, sät Chaos und Böses.
Religion – wie eine Waffe,
Wie ein Zustand der Seele und ein Mittel zur
Menschenführung.

Einige finden mit ihr Liebe,
Andere Gleichgültigkeit und vergießen Blut,
Religion – wie eine gute Mutter
und ein strenger Vater,
Surrogat des Glaubens,
Seit Jahrtausenden finden
Religionskriege kein Ende.

Eine mächtige Kraft, die die Menschen leitet,
Christen, Muslime, Juden.

Niemand

Niemand sieht deine Tränen,
Niemand weiß, wie du liebst,
Niemand weiß, wie sehr deine Liebe
dich belogen hat,
Und warum du allein nach Hause gehst.

Niemand kennt deine Gefühle,
Niemand weiß, welche Träume du träumst,
Und warum du von denjenigen,
Die vorgeben, die Liebe zu kennen,
irritiert bist.

Niemand kennt deine Welt,
Niemand weiß, welchem Gott du gehörst,
Und warum du nachts
Eine Kerze im Fenster anzündest.

Aber sie werden immer mit dem Finger auf dich
zeigen,
Immer hinter deinem Rücken reden,
Dich immer mit ihren Worten schlagen.

Falsche Leute

Seid vorsichtig, überall sind Schlangen,
Sie zischen Waldworte ins Ohr,
Sie schmeicheln dem Geist,
durchdringen die Seele,
Geben euch falschen Komfort und Wärme.

Seid vorsichtig, überall sind Schlangen,
Mit gespaltener Zunge sind sie bewehrt,
Sie schlingen sich um den Nacken,
Brandmarken euch,
mit einem Klischee beschwert.

Sie legen sich in euer Bett,
Streicheln euch sacht,
Dann werfen sie ihre Haut ab
Und ersinnen von euch manch neue Macht,
Seid vorsichtig, um euch sind Schlangen.

Karte der Liebe

Mein Körper erwacht,
Wenn ich dich berühre,
Dein Körper antwortet mir.

Du erregst so intensiv
Meine Gefühle,
Ich möchte deinen Körper
Wie eine Karte der Liebe ergründen.

Lass uns nicht mehr zögern,
Nicht mehr Zeit vergehen,
Du begehrst mich,
Ich möchte dich entfalten.

Du bist das Beste

Wenn du stirbst,
Kaufe ich dir den schönsten Sarg
Und den prächtigsten Kranz,
Ich bette dich in Seide
Und in einem Meer aus Blumen,
Du verstehst, du warst das Beste!

Zerrissene Seele

Meine Seele ist in die Leere gefallen,
Die Türen haben sich geschlossen,
Alles ist verschwunden, hat sich aufgelöst,
An das ich geglaubt habe.

Meine Seele wurde zerrissen,
Mit Worten,
Ich wollte nicht glauben,
Aber diese Wunden schmerzen so sehr.

Stille

Ich würde die Stille einschalten,
Auf volle Lautstärke,
Damit wir alle träumen können,
Die Augen schließen,
Und uns dem Universum hingeben,
Damit jeder sich selbst hören kann.

Ich würde die Stille einschalten,
Auf volle Lautstärke,
Den Politikern den Mund zukleben,
Damit wir ruhig schlafen können,
Schönere Träume sehen.

Ich würde die Stille einschalten,
Auf volle Lautstärke,
Damit sie dich umarmt,
Damit du der Hoffnung zulächelst
Und erkennst,
Deine Seele ist voll des Lebens.

Ich würde die Stille einschalten,
Auf volle Lautstärke.

Götter

Vereint euch, ihr Götter!
Jesus, Mohammed, Moses,
Vereint euch für das Leben,
Geht denselben Weg, ihr Götter!

Genug des Streits, des Krieges,
Ihr seid doch Götter!
Allmächtig und weise,
Und ihr braucht kein Blut.

All diese Symbole, Kreuze,
Heilige Bücher, Altäre,
Sind nur Attribute unseres Lebens,
Doch ihr solltet in uns sein!

Vereint euch, ihr Götter!
Jesus, Mohammed, Moses,
Geht denselben Weg, ihr Götter!
Und vereinigt uns, die Menschen!

Diener des Volkes

Sie sagen uns, es wird besser,
Sie bitten uns zu warten,
Unsere Worte bedeuten nichts,
Sie sagen uns – schweigen!

Patriotismus und Glaube –
Auf diesen Gefühlen der einfachen Leute
Regierst du das Land,
Immer schlechter und schlechter, ohne Maß.

Man sollte einfache Leute fragen,
In ein einfaches Haus gehen,
Und jenen in die Augen sehen,
Die vom Lohn leben.

Sie sagen uns, es wird besser,
Sie bitten uns zu warten,
Unsere Worte bedeuten nichts,
Sie sagen uns – schweigen!

Diener des Volkes,
Die zum Narren wurden,
Wie zahlreich seid ihr geworden,
Und geringer werdet ihr kaum.

Beleidigungen

Sprich nicht mit mir,
Ich werde wieder verletzt,
Beleidigungen halten mir die Treue
Und lassen mir keine Ruhe,
Vor Kurzem war ich noch dein.

Spiegel

Spiegel, sag mir, was stimmt nicht?
Wie soll ich mich betrachten?
Dass die Liebe in meinen Augen sich auflöst,
Sodass mein Herz nicht leidet,
Sodass alle Ängste in mir verschwinden.

Spiegel, sag mir, was stimmt nicht?
Wie kann ich der Trauer entfliehen?
Wie kann ich diese sündige Liebe vergessen?

Küsse meine Augen

Küsse meine Augen
Mit deinem Abschiedsblick,
Fürchte nichts und wisse,
In meinem Herzen
Werden Erinnerungen leben.

Gebrochenes Herz

Ich werde dich nicht anrufen,
Ich werde die Nummer vergessen,
Ich weiß, es wird schwer sein,
Und manchmal werde ich zweifeln.

Wenn es nötig ist,
Werde ich weinen,
Aber meine Augen werde ich nicht verstecken,
Denn die Seele weint nach Liebe.

Ich werde dich nicht anrufen,
Ich werde die Nummer vergessen,
Ich weiß, es wird schwer sein,
Und manchmal werde ich zweifeln.

Ich weiß, das Herz wird brechen,
Und meine Seele
Wird in Tränen der Schmerzen ertrinken,
Verbrennend in der quälenden Flamme
der Liebe.

Ich werde dich nicht anrufen,
Ich werde die Nummer vergessen,
Wenn man mich fragt – was ist mit dir?
Ich werde antworten – einst waren wir zwei.

Ich schaffe es

Ich lebe weiter, ich stehe wieder auf,
Du lachst? Das nehm ich in Kauf,
Ich werde nicht nach Vergangenem streben,
Ich schaffe es, ich werde leben.

Mein Herz wartete lange,
Ohne meine Gefühle zu sehen,
Hat deine Seele mit meiner gespielt,
Ich wartete und sah es nicht.

Ich werde nicht mehr weinen,
Ich schaffe es, ich werde leben,
Du magst mich nun rufen, egal wie sehr,
Mein Herz, ich gebe es nicht mehr her.

Geh deines Weges, folg deinen Träumen.
Ich will nur kurz die Augen schließen,
Um diese Liebe zu vergessen.

Missionar

Ein nackter Mann,
Ans Kreuz geschlagen,
Ein zarter Held,
Schön, voller Liebe,
Eine Hoffnung für diese Welt.

Gott hat ihn entsandt,
Um unsere Seelen zu retten,
Als Antwort darauf
Legten wir ihn in Ketten.

Gottes verzweifelte Botschaft,
Geweiht dem qualvollen Tod,
Grausam und blutig –
Hast du das gewusst, großer Gott?

Dein Sohn, seine Worte und Schmerzen,
Bleiben in unseren Herzen,
Auf ewige Zeit,
Vom Vater dem Tode geweiht,
Ein zarter Held,
Eine Hoffnung für diese Welt.

Einsam

Einsam bin ich, trist und allein,
Ohne dich in meinem Schmerz,
Ohne Anruf, ohne Nachricht,
Nur die Hoffnung bleibt.

Draußen Sommer, drinnen Dunkel,
Ich allein mit meiner Seele,
Stets im Selbstgespräch, alleine,
Stets im Hadern mit dem Schicksal.

Leben

Wir brauchen Liebe,
Nicht Schmeichelei,
Wir brauchen Gerechtigkeit,
Nicht Rache,
Wir brauchen politische Führung,
Nicht absurde Herrschaft,
Wir brauchen Glauben,
Nicht kirchlichen Unsinn,
Wir brauchen herzliche Güte,
Nicht abweisende Kälte,
Wir brauchen ein erfülltes Leben,
Nicht eine sinnlose Rolle.

Politiker

Verdammte Politiker,
Hört auf zu reden,
Wir sind von euch schon angewidert!
Schließt eure Münder, ihr Schurken,
Hört auf, die Welt zu verderben,
Jeder andere ist reiner als ihr.

Kunst

Das Talent wird sich durchsetzen,
Das Talent wird sich seinen Weg bahnen,
Und inmitten der Leere
Wird deine Stimme laut erklingen,
Direkt aus dem Herzen deiner Seele.

Kirche im Krieg

Die Häuser brennen,
Die Menschen vergehen,
Die Welt lodert wie eine Kerze,
Krieg, Krieg, Krieg,
Wie krank doch die Kirche ist,
Die alle segnet, im Krieg zu verglühen.

Blatt

Worte fallen auf das Papier,
Bedecken das leere Blatt,
Einst war es nackt und einsam,
Nun bewahrt es meine Gefühle,
Bewahrt mein Leben.

Gefühle
in der Faust

Strophe um Strophe,
Zeile um Zeile,
Alle Gefühle in Gedichten,
Das ganze Leben auf einem Blatt.

Ich habe niemanden, dem ich es schenken kann,
Ich habe niemanden, den ich bitten kann,
Ich habe niemanden, dem ich es geben kann,
Diese Nächte und Tage, alle Gefühle in der Faust,
Die Seele nach außen gekehrt und das Herz
schlägt im falschen Takt,
Ich schließe die Augen, bete,
Ein wenig Erleichterung,
Und wenn Gott mich hört, wird die Seele stärker.

Strophe um Strophe,
Zeile um Zeile,
Alle Gefühle in Gedichten,
Das ganze Leben auf einem Blatt.

Zerstörte Liebe

Du zerreißt meine Seele
Mit deinen Worten in Stücke,
Bist du glücklich?

Warum sind die Worte der Liebe leer?
Deine Taten sagen über dich viel mehr,
Ist es nicht so?
Obwohl wir zusammen sind,
Ist innen nur Leere,
Alleine, nicht deine.

Als wären wir Fremde,
Dein Irrsinn hat dein Herz gefesselt,
Ohne es zu bemerken,
hast du die Liebe zerstört.

Vergebung

Liebt einander,
Vergesst die Beleidigungen,
Vergebt einander,
Denn morgen gibt es vielleicht nicht mehr.

Loslassen

Du tust mir weh,
Du brichst meine Seele,
Verletzungen drücken wie Berge auf meinem
Herzen,
Du weißt das.

Lass los, mein Herz, lass los,
Wir müssen die Brücken auflösen,
Ich habe dir schon lange vergeben.

Vergessene Nächte, vergessene Tage,
Die Seele erinnert sich noch,
Aber das Herz ist kalt geworden.

Als wäre es gestern gewesen,
Als wären wir zusammen,
Erinnerungen,
Als hätten wir uns nie Vorwürfe gemacht.

Wir werden nicht schweigen,
Wir schreiben Gedichte,
Wir senden sie einander,
Wir vergeben alle Sünden.

Alte Liebe

Wenn ich dich ansehe,
Erinnere ich mich an alles, was war,
Ein wenig traurig,
Ein wenig wehmütig.

Meine Liebe war da, und sie bleibt
So stark, dass jetzt,
Wenn ich dich ansehe,
Ich mich neu verliebe.

Spiel um die Liebe

Lass uns ein Spiel beginnen,
Wir werden uns Fragen stellen,
Und wir werden uns darauf antworten,
Doch das Spiel ist ernst gemeint,
Ohne Lügen, Täuschung, Verrat und Tränen.

Und wenn uns das Glück hold ist,
Spielen wir vielleicht die große Liebe,
Hab keine Angst,
Und vergiss nicht, wir spielen ernsthaft,
Ohne unnötige Worte,
Um die Liebe.

Wahre Liebe

Viele Worte der Liebe wurden gesagt,
Doch nur wenige wurden gehalten.
Die Probe der Liebe haben wir nicht bestanden.
Unter der Last der Eifersucht,
Unter der Last des Zorns
Ist unser Tempel verwaist
Und die Türen sind verschlossen,
Zu Feinden sind wir geworden,
Zu Fremden einander,
Als hätten wir uns nie geliebt.
Wenn ich dich in der Ferne sehe,
Senk ich den Blick,
Weiche der Antwort aus,
Doch in meinen Gedanken quält mich die Frage:
War dies die wahre Liebe?

Mythos des Glücks

Wo bist du?
Warum schweigst du?
Ich wende mich an dich,
Herr!

Wir beten, bitten,
Bauen Tempel,
Wir preisen dich,
Wir stellen Fragen,
Auf die du keine Antworten gibst.

Wohin schaust du, wenn Kinder getötet werden?
Wo bist du, wenn unsere Mütter ihres Lebens
beraubt werden?
Warum schweigst du, wenn Menschen,
Unschuldige, ihres Lebens beraubt werden?
Wo sind deine Gesetze? Was brauchst du?

Schau auf diese Welt –
Schmutzig, grausam, zynisch,
Eine Welt, in der Lüge zur Gewohnheit
geworden ist,
Wo Kinder an Hunger sterben,
Eine Welt, in der Leben dem Tod
gleichgestellt ist.

Sieh her! Warum schweigst du?
Wie sollen wir beten?
Welche weiteren Leiden sind nötig?
Damit du auf uns achtest!

Wie können wir dich erreichen?
Vielleicht dich in dunklen Tönen malen?
Oder bist du ein Mythos des Glücks,
Den wir uns zuzugeben fürchten?

Einsamkeit

Einsamkeit wandert auf der Erde,
Verhaftet neue Seelen,
Hunderttausende von Menschen,
Wie schön ist es, wenn du gebraucht wirst.

Licht der Seele

Liebe für das Leben,
Liebe für die Liebe,
Verändere deine Gedanken
Entgegen des Bösen.

Nimm die Hand eines Freundes,
Stark wie eine Faust,
Fühle die Kraft der Liebe,
Erinnere dich, nur das Licht der Seele
vertreibt die Dunkelheit.

Rebellisches Herz

Verirrte mich in meinen Gefühlen,
Fand mich in der Leere wieder,
Alles verblasste, alles erlosch,
Ich will nicht erneut lieben!

Besser bleib ich allein
Mit meiner Leere,
Ich werde alle Gefühle zerstören,
Die zuvor brannten.

Ich will nicht erneut lieben!
Ich will nicht erneut leiden!
Mein Herz gefriert,
In unserer Welt geschieht das oft.

Pakt mit Gott

Ich schließe einen Pakt mit Gott,
Er soll mir den richtigen Weg weisen,
Dafür zähme ich den Teufel
Und bringe ihm das Beten bei.

Möge Gott mir das Geheimnis enthüllen,
Wer recht hat und wer schuldig ist,
Dafür male ich sein Porträt
Und lehre dem Teufel das Kreuzzeichen.

Wahrheit ist nah

Es fehlen mir die rechten Worte,
Um euch die Wahrheit zu erzählen,
Vielleicht fehlt mir noch die Erfahrung,
Ich werde noch ein wenig warten.

Angst

Ich sehe den Krieg,
Jede Nacht in meinen Träumen,
Er stammt aus der Realität.

Ich sehe diese Kinder,
Ohne Beine, ohne Arme, blind,
In meinem Herzen
hat sich die Angst eingenistet ...

Reise in die Vergangenheit

Ich werde aus dem Fenster sehen,
Schneeflocken dort erblicken,
Ein wenig zurückkehren in die Kindheit,
Wo der Schnee zu Neujahr so kräftig wirbelte.

Wo Mandarinen dufteten
Und die Brötchen frisch aus dem Ofen kamen,
Als die Umarmung der Mutter so fest war
Und alle Träume sich erfüllten.

Als die Süßigkeiten süßer schmeckten
Und der Weihnachtsbaum
nach Weihnachten roch,
Es war uns so behaglich,
Wir wärmten uns an Mutters Wärme.

Als die Nachbarn hereinkamen,
Selbst gemachte Spielsachen schenkten,
Denn es war Neujahr,
Und es gab keine besseren Geschenke für uns!

Die Zeit

Ich bin die Zeit,
Ich bin Freude und Pein,
Ich bin dein Alles,
Meine Rolle ist rein.

Ich bin dein Buch,
Ich bin dein Idol,
Ich bin all deine Gedanken,
Ich bin all deine Welt.

Du ehrst mich tief,
Wenn du fragst:
Bin ich das, was dir fehlt?
Ich bin ein Engel, in Ewigkeit mit Gott.

Ich bin die Zeit,
Ich bin dein Geheimnis,
Du vergeudest mich in deinem Warten,
Und bietest mir Ausreden in Maßen.

Es kommt der Moment,
Verloren im Leeren
Bleibe nur ich,
Ich werde niemals sterben.

Abschied ohne Tränen

Nimm ohne Tränen Abschied,
Dreh dich um und bleib nicht stehen,
Lass deinen Traum gehen,
Denn was sein muss, wird geschehen.

Ist der Traum für dich bestimmt,
Kehrt er auch zu dir zurück,
Kehrt zurück und wird verweilen.

Und wenn nicht, dann wisse eins:
Zeit, nur Zeit kann Wunden heilen,
Kann das Gehenlassen lehren.

Es tut weh und überwunden,
Schlimm, in deiner Brust der Schmerz,
Doch die Zeit heilt alle Wunden,
Ob bis Januar oder März.

Kraft der Liebe

In ihr sind Tränen,
In ihr ist Schmerz,
In ihr ist alles, was du willst,
Denn das ist – die Liebe.

Wir erschaffen sie selbst,
Für einander,
Um gemeinsam im Leben voranzuschreiten,
Einander in die Augen zu sehen,
Die warmen, zarten,
allerliebsten Worte zu sprechen.

Es ist uns leicht und so einfach,
Wenn wir geliebt werden,
So möge die Liebe die Welt regieren!

Abschied

Ich schließe die Augen,
Um ein wenig zu vergessen,
Abschied steht wieder
an der Schwelle des Hauses,
Kalte Nächte wechseln sich mit Tagen ab,
Sehr kalt, mich friert wieder ...

Welt der Schatten

Öffne dein Herz,
Öffne deine Seele,
Verwirf alle Zweifel,
Du bist nicht allein.

Vergiss alle Kränkungen,
Lass die Ängste hinter dir,
Sie sind nicht hilfreich,
Befreie deinen Verstand,
Glaube an das Gute,
Zwing dich, wenn es nötig ist.

Verstecke dich nicht hinter einer Maske,
Fürchte dich nicht zu sprechen,
Fürchte nicht unnötig,
Es gibt kein zweites Leben,
um alles wieder zu beginnen.

Öffne dein Herz,
Öffne deine Seele,
Werde für jemanden die Sonne
In dieser Welt der Schatten.

Noch mal allein

Alles ist gut,
Einfach eine weitere Nacht,
Einfach noch mal allein,
Ich vertreibe die Gedanken der Vergangenheit,
Ich wünschte,
ich könnte als jemand anderes aufwachen.

Frühling

Ich werde die Liebe an einem
Frühlingsmorgen wecken,
Ich werde erzählen,
Wie sehr ich sie vermisst habe,
Wie träge die Zeit dahinschmolz,
Wie lange ich auf ihr Erwachen gewartet habe.

Ich werde die Liebe wecken und lächeln,
Möge sie mir ein Lächeln erwidern,
Möge sie wissen –
Meine Absichten sind ernst,
Ich werde das Wort »Nein«
nicht mehr akzeptieren.

Ich werde die Liebe wecken, mein Herz öffnen,
Möge sie darin Zuflucht finden,
Ich werde die Liebe wecken, meine Seele öffnen,
Ich weiß, du bist dazu fähig,
All meine Ängste wirst du zerstören.

Der Teufel
in dir

Der Teufel, den du fürchtest,
Ist in dir,
In jedem von uns,
Lasst uns vereinen,
Den Teufel zum Beten zu zwingen!

Im Namen der Freiheit,
Im Namen der Liebe,
Lasst uns vereinen,
Dass in deiner Seele Gott neu erblühe,
Den Teufel zum Beten zu zwingen!

Gefrorene Gefühle

Gebettet in einer Eisschicht,
Verharren deine Herzenswünsche,
Noch nicht vom Frost umschlungen,
Doch hast du dies selbst gewollt.

Kein Schmerz, keine Tränen,
keine Enttäuschung,
In einer Seele, von Worten gezeichnet,
Kein Platz mehr für nutzloses Gerede,
So hast du entschieden,
Nun bist du allein.

Trügerisches Glück

Ich brauche nicht das trügerische Glück
Mit einem Glas Wein auf Instagram,
Ich möchte echtes, sanft-warmes Glück,
Hier und jetzt, und nicht irgendwo dort.

Ich brauche nicht das trügerische Glück
In perfekt gestellten Fotos,
Auf denen Menschen so verzweifelt
Das Glück der Tiere nachahmen.

Ich brauche nicht das trügerische Glück
In schönen Worten auf Instagram,
Ich möchte echtes, sanft-warmes Glück,
Welches man nie
in schöne Rahmen setzen kann.

Ich möchte echtes, sanft-warmes Glück.

Ich vermisse dich

Mir fehlt deine Nähe,
Als wäre alles zum ersten Mal,
Das Atmen fällt mir schwer,
Oder gab es uns gar nicht?

Unheilige Heilige

Unheilige Heilige,
Gewöhnliche Leute,
Redende mit den Worten Gottes,
Doch innerlich verdorben.

Die sich das Recht zu urteilen einverleibten,
Sich das Recht zu beten verschafften,
Unheilige Heilige,
Als würden sie ewig leben.

In schwarzen Gewändern,
Mit schönem Kreuz,
Unheilige Heilige,
Für viele wurden sie zum Christus.

Falsche Götter,
Maßlos und überheblich,
Unheilige Heilige,
Nichts als ein Schwindel.

Ode
an die Liebe

Ruf mich zu dir,
Nenn mich dein Eigen,
Teil deine Liebe mit mir,
Ich schenke dir die meine.

Ich zeige dir die Liebe,
Male deine Träume bunt,
Und schreibe dir ein Gedicht,
In dem du die Hauptperson bist.

Wir wandeln durch die Weiten endloser Liebe,
Und lassen alles Schlechte weit hinter uns,
Wir bauen einen Tempel der Liebe,
Einen Tempel aus Zärtlichkeit und Wahrheit,
Einen Tempel voller Träume,
Einen Tempel namens »du und ich«.

Die Mitte

Meine Seele gleicht nicht deiner Seele,
Unsere Liebe steht oft im Streit bereit,
Und wie schwer ist es, manchmal,
Alles zu bewahren und zu mehren.

Das Schicksal hat uns oft getrennt,
Doch Herz und Seele führten mich zu dir,
Wo, sag mir, wo finden wir die Mitte,
In der wir zusammen sind, du und ich?

Ich werde heute nicht eilen

Ich werde heute nicht eilen,
Nicht früh aufstehen, nicht früh niederlegen,
Ich will mich nicht drängen,
Ich bin müde, so soll es sein.

Ich werde keinen Brei am Morgen kochen,
Kein Mittag- und Abendessen zubereiten,
Und Gymnastik werde ich auch nicht machen,
Der Regen fällt, ich werde in die Pfützen springen.

Nach der Uhr zu leben, hat mich ermüdet,
Heute lasse ich mich los,
Müde bin ich von diesem ewigen Muss,
Ich werde heute bis spät
mit Freunden verweilen.

Und keine Gedichte schreiben,
Gott nicht mit Bitten plagen,
Und um Vergebung meiner Sünden flehen,
Das werde ich heute auch nicht tun.

Ein anderer

Alle standen umher, sahen, wie du sankst,
Ertränkten dich mit Fingern,
Worten und dem Kreuz,
Versprachen,
dass sie dein Herz verbrennen würden,
Beschworen:
»Die Hölle sei dein Heim, oh weh!«

Doch Götter weinten still
und beobachteten nur,
Wie ein Mensch seinem Traum entgegenging,
Sie sandten nur hin und wieder
auf die Erde Engel nieder,
Die gleichen Sinnes, treu zu sein,
wie er allein.

Unser Weg

Lippen duften nach Schokolade,
Und sein Blick nach Liebe,
Wer wie alt ist, spielt keine Rolle,
Zwei Schicksale wandeln auf demselben Weg.

Zweifel

Ich weiß, was in deinem Herzen liegt,
Ich weiß, womit deine Seele gefüllt ist,
Du wartest auf mich,
Und ein Meer von Zweifeln.

Aber mein Leben ist voller Verwirrungen,
Tausend Fragen an diese Welt,
Allein, eins zu eins,
Und selbst Gott ist nicht mein Held.

Diener

Herr, vergib mir,
Öffne meine Augen,
Ich werde dein sein,
Ich werde dein Diener sein.

Ich brauche dein Licht,
Verlasse mich nicht,
Sei bei mir, sei mein,
Lass mich trinken von deiner Liebe.

Öffne meine Augen,
Erlaube mir, dich zu sehen,
Ich bin allein,
Erlaube mir, in deine Augen zu blicken.

Ich habe dich vergessen,
Ich werde mich ändern,
Öffne meine Augen,
Erlaube mir, in deine zu blicken,
Ich werde ewig – dein Diener sein.

Erinnerungen

Kalte Gefühle,
Heißes Herz,
Heiß vor Schmerz und starker Liebe.

Die Liebe zur Seite,
Doch die Erinnerungen in mir,
Sie beben unentwegt,
Atmen mir im Winter eisig in die Seele.

Alles vergeht

Alles vergeht,
Dein Herz wird Ruhe finden,
Narben werden die Wunden schließen,
Alles, was du hasst,
Wird leer erscheinen.

Zeit wird vergehen,
Beleidigungen werden schmelzen,
Tränen, die auf die Brust drücken,
Werden trocknen.

Nähe

Vielleicht einfach lächeln,
Dich sanft umarmen,
Deinen Kuss einatmen,
Für immer in deiner Nähe bleiben.

Ohne dich

Ich werde so traurig,
Wenn du dich nicht meldest,
Das Herz will fliehen,
Aber wohin bloß?

Meine Gedanken kreisen und kreisen,
Er ruft schon an, dieser Mann!
Warte nur, bald ruft er dich an,
Doch das Herz schmerzt und leidet,
»Wann?«, fragt es. »Wann?«
Ein, zwei Tage ohne Anruf,
Mehr, als ich aushalten kann.

Ich schließe die Augen, schließe die Türen,
Kann unter den Lidern die Tränen spüren,
Ich sag in den Hörer: »Bin etwas angeschlagen.«
Doch mein blutendes Herz
will so viel anderes sagen.

Gebet

Mein Leben als Gebet,
Ich stehe bei der Kerze,
In der Flamme brennen meine Träume,
Der Herbstwind klopft an die Fernster,
Nimmt meine Gefühle und trägt sie zu Gott.

Mein ganzes Leben als Gebet,
Unter der Kuppel,
wenn die Glocke zu läuten beginnt,
Schließ ich die Augen zum Beten,
Gehöre Gott, dem Poeten!

Unter Hunderten Kreuzen knie ich wie ein Kind,
Und wiederhole Worte, die heilig sind,
Die Engel sind weiß,
Das Blut des Heilands ist rot.
Mein Leben als Gebet.
Gottes Gebot.

Mut

Geh auf der rechten Seite,
Ich werde die linke nehmen,
Warum sollen wir uns erniedrigen?
Sei einfach mutig!

Ich werde immer meine Meinung verteidigen,
Auch wenn ihr euch alle abwendet,
Wahrheit kann nicht nur eine sein,
Eines Tages werdet ihr es verstehen.

Meisterwerk

Ich beginne Krieg,
Meine Waffe ist der Geist,
Meine Waffe ist die Liebe,
Euch nehm ich gefangen, alle zugleich.

Ich beginne Krieg,
Meine Waffe sind Gefühle,
Meine Waffe ist die Güte,
Ich erschaffe ein Meisterwerk,
Niemand wird widerstehen!

Falsche Liebe

Ich will keine Worte der Liebe hören,
Leer, ekelhaft und verlogen,
Mit einem Hauch von Wahrheit und ohne,
Besser, ich trinke Wodka,
Damit der Teufel nicht in meine Seele kriecht.

Engel

Ich küsse dich
Wie ein Engel die Kreuze,
Du lebst in meiner Seele,
Du bewahrst all meine Träume.

Du teilst mein Schicksal in Sünden,
Du vergibst mir,
Und sagst mir, wohin ich gehen soll.

Ich küsse dich
Wie ein Engel die Kreuze,
Du bist mein Talisman,
Du bist mein Hauptmann,
Du bist mein Anführer.

Du bist einen Schritt voraus
und immer hinter mir,
Gott – ich möchte immer bei dir sein.

Bis zur Verzweiflung

Ich denke an dich jeden Tag,
Ich träume von dir in der Nacht,
Es ist gleich, was hinter
meinem Rücken gesagt wird,
Tief einatmend den Schmerz,
Ich liebe dich bis zur Verzweiflung ...

Einst

Einst wirst du verstehen,
Einst wirst du vergeben,
Einst wirst du vergessen,
Und du wirst schweigen.

Du wirst siegen und loslassen,
Du wirst gehen und zurückkehren,
Einst wirst du weinen,
Doch dich nicht umdrehen.

Du wirst hören, du wirst glauben,
Du wirst warten,
Eines Tages wirst du sehen,
Und als Antwort wirst du lächeln.

Vergessen

Ich habe alles gesagt,
Es ist nun genug,
Denn wir sind uns nicht mehr nah,
Um alles danach zuzugeben,
Lass uns schnell vergessen.

Mein Leben
für dich

Ich fürchte mich so sehr, allein zu sein,
Die Augen zu schließen, mich zu verlieren,
Ohne deine Hände zu spüren,
Fürchte ich, allein zu sein.

Ich brauche keine Gründe, bei dir zu sein,
Ich will nur bei dir sein, ganz rein,
Mein Leben will ich dir schenken,
Will es, will es, ohne zu denken.

Verschiedenes Schicksal

Herbstregen klopft auf Pfützen,
Ich zerreiße mich vor Sehnsucht,
Warum brauchst du mich so?
Sei glücklich in der Ferne.

Ich habe keine Auslassungspunkte gesetzt,
In der Geschichte der Liebe,
All diese Satzzeichen,
Seien sie verflucht!

Öffne deine Augen, weine, verstelle dich nicht,
Ich weiß, es tut weh, du bist allein,
Lass uns die Herzen nicht mehr quälen,
Unser Schicksal ist verschieden.

Freunde

Ich habe Freunde,
Jungen wie Jungen,
Mädchen wie Mädchen,
Jungen wie Mädchen,
Und Mädchen wie Jungen.

Weiße und Schwarze,
Mit Make-up und ohne,
Arbeiter und Akademiker,
So unterschiedlich,
Meine Freunde,
Unfassbar schön.

Jessenin

Ich liebe Jessenin,
Ich liebe seine Gedichte,
Schön, schönes Haar,
Und der Duft seiner Verse,
Der Duft des Frühlings.

Neues Jahr

Schneeflocken fallen küssend nieder,
Gott umarmt uns fest und stark,
Er schenkt uns wieder eine neue Möglichkeit,
Er segnet uns mit einem neuen Jahr.

Engel tanzen und Sterne glühen,
Hoffnung flackert in der Seele zart,
Ich weiß, alles Drückende wird vergehen,
Und auf dem Altar entzündet mein Engel meine
Träume sanft.

Ich glaube, weiß, so wird es sein,
Und Zweifel haben hier kein Wort,
Gott liebt uns alle aus tiefstem Herzen,
Er schenkt uns allen einen neuen Start.

Der Neid

Was haben sie mir alles gesagt:
Dass ich hochmütig bin, dass ich schlecht bin,
Dass ich ein Gotteslästerer bin,
Dass ich lasterhaft bin, dass ich anders bin.

Dass ich zu verwegen und zu direkt bin,
Dass ich in der Hölle brennen werde,
Dass ich geltungssüchtig bin,
Dass ich zu gut lebe.

Dass ich keine Falten habe und nicht ergraue,
Dass ich mich zu sehr um mich kümmere,
Dass ich in die Fußstapfen
meines Vaters treten werde,
Und dass ich in meinen Sünden ertrinken werde.

Ihr habt recht, ich bin anders,
Ihr habt so viel über mich gesprochen,
Dass ihr ganz euch selbst vergessen habt,
Ihr seid alt geworden,
habt graue Haare bekommen,

Aber ich lebe, ich werde schöner,
Ich lächele,
Ich mische mich nicht in fremde Leben,
Ich kümmere mich nur um mein eigenes.

Ausdruck der Stille

Ich wünsche mir Stille,
In der Seele und im Herzen,
In deinem Schweigen,
Und im Aufruhr des Zorns.

Ich wünsche mir Stille,
Nächte- und tagelang,
Ich wünsche mir Stille,
Damit wir es sagen können,
Einfach mit den Augen.

Verrat

Weine nicht, meine Seele,
Du wirst nicht zurückkehren
Zu demjenigen, der so oft verraten hat,
Weine nicht, bitte,
Denn er hat nicht verstanden,
Was er gegen die Liebe eingetauscht hat ...

Du

Du bist plötzlich in mein Leben getreten,
Du hast meinen Kummer
und meine Sorgen aufgelöst,
Du hast meinem Herzen Hoffnung gegeben
Und meine Seele fest umarmt.

Drama
der Liebe

Ich weinte, als er ging,
Ich weinte, als er nicht anrief,
Mit Tränen habe ich Gedichte geschrieben
Und Gott gebeten, alle Sünden zu vergeben.

Meine Freunde trösteten mich,
Sie sagten, er sei es nicht wert!
Doch sie weinten mit mir gemeinsam,
Ich bat – Mutter, bedauere mich nicht!
Denn das ist Liebe, sie ist so stur.

Es tut weh zu verlieren,
Aber ich weiß, die Zeit vergeht,
Und die Seele wird dieses Drama ertragen.

Reine Seele

Jede Nacht schließe ich die Augen
Und falle in den Himmel,
Das ist meine Wirklichkeit,
Mein Universum.

Ich gehe zum Sonnenaufgang,
Über den warmen Himmel,
Mir geht es so gut,
So glücklich war ich nie.

Ich schreite durch Geheimnisse,
Wandle durch Fragen,
Du bist überall,
Ich verweile ein wenig bei dir.

Ich bin wie ein kleiner Junge
Mit reiner Seele,
Laufe dir entgegen,
Ich höre deine Stimme,
Geh nicht, bleib doch.

Jede Nacht schließe ich die Augen
Und falle in den Himmel,
Du bist so real, das ist kein Traum,
Ich weiß, es ist gewiss.

Keine Versprechen mehr

Lass uns nicht anfangen,
Uns zu bemühen, es erneut zu versuchen,
Hoffnung schenken und brechen,
Wozu? Es ist nicht nötig.

Lass uns nicht anfangen,
Zu viele Versuche,
Lass uns keine Versprechen machen,
Es wird wieder schiefgehen.

Lass uns nicht anfangen,
Uns wieder zu töten,
Mit schmeichelhaften Worten,
Lass uns nicht.

Wir haben zu viel versprochen,
Und darum,
Worte blieben nur Träume,
Und Gott gibt uns Stärke,
Zumindest einfach, so, Freunde zu bleiben.

Illusion

Die Nacht wird meine Augen berühren,
Ich werde die Lider schließen,
In meinen Träumen werde ich den geliebten
Menschen sehen,
Mein Traum wird wie die
Wirklichkeit erscheinen,
Ich werde nicht aufwachen,
Und im Traum bitte ich Gott,
Dass mein Traum niemals endet.

Verwirrung

Ich weiß nicht, was ich noch schreiben soll,
Wovon ich euch allen erzählen soll,
Es scheint, als hätte ich schon alles gesagt,
Meine Seele habe ich euch längst gezeigt.

Politik, Religion, Gott, Liebe,
Wieder und wieder kehrte ich zu ihnen zurück,
Auf der Suche nach Antworten auf die Fragen
Öffnete ich mich ganz.

Doch fand ich keine Antworten,
Wandere durch die Labyrinthe meiner Seele,
Zerbreche an meinem eigenen Glauben,
Anklagend Gott und sündige dabei.

Splitter

Freunde gibt es nicht mehr,
Es bleiben nur Splitter,
Zerbrechlich, scharfkantig,
Ich sage: »Ich bin gegen den Krieg.«
Doch sie schreien noch lauter: »Dafür.«

Wie ist das passiert?
Freunde gibt es nicht mehr,
Es bleiben nur Splitter,
Zerbrechlich, scharfkantig,
Doch wir sind nicht an der Front.

Freunde gibt es nicht mehr,
Es bleiben nur Splitter,
Scharf, zerbrechlich,
Die Freundschaft bedeckt von scharfkantigen
Schneeflocken.

Freunde gibt es nicht mehr,
Es bleiben nur Splitter,
Zerbrechlich, scharfkantig.

Sie

Mir werden die Worte diktiert,
Mit innerer flüsternder Stimme,
Unter dem Kissen stets Notizblock und Stift,
So schreibe ich Gedichte,
Sie sagt mir, wo ich den Punkt setzen soll.

Lebewohl

Gedanken, Zweifel, Ängste,
So verschieden sind wir beide,
Und unsere Wege sind nicht die gleichen,
Unsere Herzen haben wir geplagt,
Wir sagen Lebewohl,
Ohne diesen Weg bis zum Ende zu gehen.

Trug

Die Tiefe meiner Gefühle
Zu messen, unmöglich,
Du hast Schmerz gebracht,
Doch die Seele harrte.

Einen Schritt machte ich
Den Träumen entgegen,
Dir nah wähnte ich mich,
Doch das war nur Trug.

Wie ein Stein ins Wasser geworfen
Sank mein Herz nieder,
Wie sehr wollte ich es sein,
Doch brach mich die Liebe.

Weiß wie Wolken,
Schmelzen Gefühle über dem Abgrund,
Zu Flocken von Asche,
Sinken sie auf uns nieder.

Einsames Herz

Einsames Herz,
Zerbrochene Träume,
Du wolltest das Glück so sehr,
Doch es beschloss zu gehen.

Zweifel, Tränen, Leere,
Es tut dir nicht mehr weh,
Du weißt, wie du dich verhalten sollst, wohin du
gehen willst,
Du weißt, was du auf ein leises »Verzeih«
antworten wirst.

Einsames Herz,
Zerbrochene Träume,
Du wolltest das Glück so sehr,
Doch es beschloss zu gehen.

Verfluche nicht Gott,
Und rufe nicht das Schicksal,
Wähle einen anderen Weg,
Und gehe mit Stolz!

Aus der Bahn

Ich trank, rauchte, probierte Drogen,
Schloss die Augen mit den Händen und ging am
Abgrund entlang,
Hasste und liebte,
Hatte Angst, doch suchte das Extrem.

Breitete die Hände aus,
Schnitt meine Adern und schrie,
Tat mir und anderen weh,
Ging fort und begann alles von Neuem.

Ich glaubte und verriet,
Gab mich hin und nahm nichts,
Küsste einen Priester auf die Lippen,
Schaute ihm in die Augen,
Dachte, er sei weise.

Ich wollte frei sein,
Wandte mich an Gott
Und wurde sein Sklave,
Offenbar gefällt es ihm so.

Einsame Liebe

Die Liebe hat mich verschluckt,
Die Liebe frisst mich von innen.
Was soll ich bloß tun?
Wem kann ich's erzählen?
Auf wen diese Schuld verschieben?
Das Herz lastet schwer in meiner Brust,
Es schmerzt und zieht und es spricht:
Du solltest nicht so sehr lieben.

Mein Herz
für dich

Ich wärme mich an deinem Atem,
Ich schlafe ein auf deiner Brust,
Ich halte deinen Körper fest am Morgen,
So durchdrungen vom Duft der Liebe.

Und möge die Zeit sorglos vergehen,
Die Vereinigung zweier verliebter Herzen,
Du hast meinen Gefühlen Hoffnung geschenkt,
Ich habe dir mein Herz gegeben.

Trennung

Wir trennen uns, ich gehe fort,
Noch ein wenig werde ich weinen,
Den Schmerz im Herzen kann ich nicht halten,
Schlage die Tür zu und bleibe allein,
Nur ich in meiner Einsamkeit.

Und kalte Schneestürme wirbeln herum,
Der Frost raubt mir mein Herz,
Ich werde weinen, lange, lange,
Dich kann ich nie zurückgewinnen.

Und wieder, auf der Suche nach Antworten,
Die Seele wandert in der Leere,
Zwingt den Verstand in die Knie,
Um erneut in die Stille zu treten.

Wir trennen uns, ich gehe fort,
Noch ein wenig werde ich weinen,
Den Schmerz im Herzen kann ich nicht halten,
Schlage die Tür zu und bleibe allein,
Nur ich in meiner Einsamkeit.

Meine Liebe, mein Schicksal

Meine Liebe, mein Schicksal –
Ein Gedicht von tausend Augenblicken,
Augenblicke der Freude und des Schmerzes,
Augenblicke des Lachens und der Trauer.

In einer von Worten gequälten Seele,
In einer von Beleidigungen müden Seele,
Beim Gehen hinterlässt du eine Spur,
Erinnerungen und Träume.

Sagen, dass es schade ist – kann ich nicht,
Sagen, dass es wehtut – nicht ganz,
Wahrscheinlich sind wir beide müde
Von dem ständigen inneren Kampf.

Ich lasse
dich los

Ich lasse dich los,
Ich vergesse dich schon,
Geh für immer,
Ich will dich nicht mehr hören und sehen.

Ich werde alle Träume verbrennen,
Alle Brücken zerreißen,
Die mich zu dir führten.

Ich lasse dich los,
Ich vergesse dich schon,
Geh für immer,
Fliege davon, du freier Vogel,
Wie eine Schrift werde ich dich
von der Seite löschen
Und neu beginnen zu leben.

Ein anderer Pfad

Gedanken stürmen wie Frühlingsregen
In meine Seele,
Verwandeln sich in Schmerz.

Unsere Wege trennten sich,
Du wurdest anders,
Auch ich bin nicht derselbe,
Du hast einen anderen Pfad gewählt.

Lange suchten wir die Grenzen der Liebe,
Deine Entscheidung war – zu gehen,
Jede Nacht sehe ich seltsame Träume,
Als ob du da bist,
Als ob wir glücklich wären.

Leere füllen Angst und Sorge,
Du wurdest anders,
Du hast einen anderen Pfad gewählt.

Das Geschenk der Liebe

Lasst uns die Liebe verteilen,
Schenken wir sie den Nahen, den Lieben,
Sei es im Sturm, im Schnee oder unter der Sonne,
Denn Liebe zu geben,
ist das, was wir alle brauchen.

Lasst uns die Liebe verteilen,
Möge jeder sie finden,
Und an einem sonnigen, warmen Morgen
Möge Gesang zu ihrer Ehre erklingen!

Gefühle im Kreis

Die Welt dreht sich im Kreise,
Wechselt nur die Farben,
Du denkst an ihn,
Doch gehst wieder allein.

Im Herzen ist Leere,
Gefühle fest umschlossen,
Du willst bei ihm sein,
Doch irgendwie betrübt.

So sehr wünschst du, ihm zu sagen:
»Ich liebe dich.«
Vielleicht wird er es verstehen
Und dein Schicksal teilen.

Doch musst du warten,
Die Gefühle im Herzen bewahren,
Um sie ihm zu schenken,
Wenn er es spürt.

Seele

Ich malte mir Träume,
Vergessend die Realität.
Tief Schmerz einatmend,
Weint die Seele vor Müdigkeit.

Talent

Talent, eine Strafe für meine Sünden,
Seelenqualen,
die sich auf dem Papier verkünden,
Tausende Wörter werden zu einem Gedicht,
In einsamen Nächten, bei Kerzenlicht.

Tinte wird zu Herzblut in diesem Gedicht,
Träume und Wünsche, die in mir wallen,
Echos von Erinnerungen, die widerhallen,
Und mein Herz findet Frieden nicht.